152

TROIS JOURS

A

FROHSDORF.

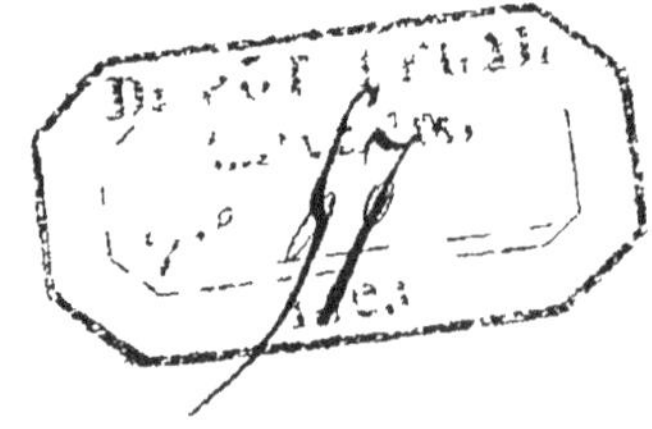

Prix : 30 centimes.

PARIS	CAEN
E. DENTU	A. DOMIN
Palais-Royal	Cour de la Monnaie

1868.

Les exemplaires du journal *l'Ordre et la Liberté* qui contenaient la lettre sur **FROHSDORF**, ayant été promptement épuisés, nous avons demandé à **M.** le comte d'Osseville l'autorisation d'en faire un tirage à part. Non-seulement il a bien voulu y consentir, mais encore il a mis à notre disposition le cliché d'une photographie de Monsieur le Comte de Chambord, faite à Constantinople pendant son très-récent séjour en cette ville. Ce sera, nous en sommes certains, un attrait de plus pour cette publication déjà si riche d'intéressants détails.

LES ÉDITEURS.

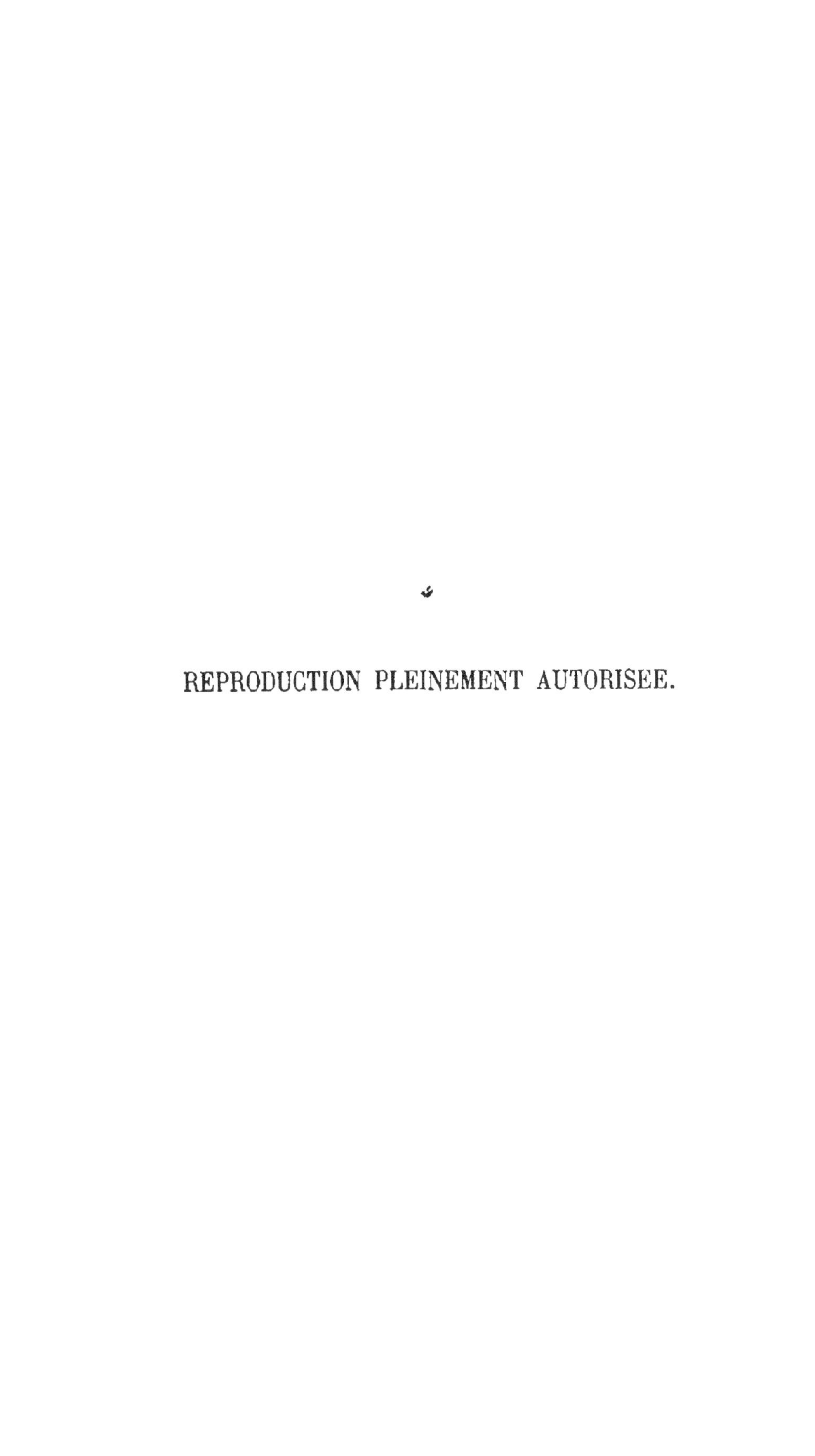

REPRODUCTION PLEINEMENT AUTORISEE.

TROIS JOURS

A

FROHSDORF.

A *M. le Rédacteur du journal* L'ORDRE ET LA LIBERTÉ.

Caen, le 24 juin 1868.

Monsieur,

Un article du *Journal de Paris*, cité par vous, il y a quelques semaines, faisait justement remarquer que, malgré les proscriptions et l'exil, l'intérêt de la France ne pouvait se détacher du chef de la maison de Bourbon, laquelle n'a pas cessé d'être grande et noble entre toutes les familles portant ou ayant porté le sceptre.

Appelé tout récemment, par des circonstances et des devoirs de famille, à me rendre à Frohsdorf, je crois être agréable à vos lecteurs en leur communiquant, simplement et véridiquement, ce que j'ai vu, entendu et ressenti.

De Vienne, l'on se rend à Frohsdorf par le chemin de fer de Trieste, que l'on quitte à Neustadt, après un parcours de deux heures environ. De là des voitures de place, stationnant près de la gare, conduisent au château qui concourt puissamment à la prospérité de leur industrie.

Une plaine assez bien cultivée, et formant en quelque sorte une prolongation de la vallée de la Leith, s'étend comme une mer de verdure entre les collines de la Hongrie à l'est, et les Alpes-Noriques de la Styrie à l'ouest et au sud ; on la parcourt dans la direction du nord-ouest au sud-est, par des routes généralement plantées et d'un entretien fort acceptable. Souvent, aux carrefours, des statues de saints ou de petites chapelles rustiques témoignent que les habitants ont conservé leurs traditions pieuses. On traverse plusieurs villages, ou plutôt plusieurs hameaux ; les maisons sont propres, souvent reblanchies, et respirent l'aisance. Le château, assis sur le territoire de l'Autriche proprement dite, touche de près aux pentes des collines hongroises et s'appuie à l'œil sur leurs mamelons boisés.

En entrant dans la cour d'honneur, vous avez devant vous une assez belle construction de style grec, présentant cinq pilastres surmontés de chapiteaux corinthiens, et neuf fenêtres de face. Le château, qui forme un parallélogramme au centre duquel est une cour intérieure, se montre ainsi par le petit côté ; la façade de gauche présente un développement de onze fenêtres. Là sont, au rez-de-chaussée, les appartements de réception qui s'ouvrent sur le parc. Ce parc, dessiné partie à la française, partie dans le goût anglais, déroule d'abord des massifs de fleurs que Madame la Comtesse de Chambord paraît aimer beaucoup ; puis le promeneur s'enfonce sous un vaste quinconce de tilleuls naguère taillés, et qui donnent aujourd'hui en toute liberté leur sombre et frais ombrage. Les allées tournantes du parc conduisent à un pont fort élevé qui franchit hardiment la voie publique. Là, si vous égarez vos pas dans des bois où le sapin domine, vous ne tarderez pas à fouler le sol hongrois.

De l'autre côté du parallélogramme, le centre de la façade prend la forme d'une rotonde qui sert de prolongement à la chapelle intérieure. Le quatrième côté, opposé à celui de l'arrivée, est occupé par les appartements particuliers de Monsieur le Comte et de Madame la Comtesse de Chambord, et s'ouvre sur un espace assez restreint qui forme leurs jardins réservés; de vastes fossés entourent tout l'édifice qui, dans son ensemble, n'est pas dépourvu de grandeur. Hélas! il a quelque chose de cette tristesse de l'exil et de cette dignité calme où se reflète une conscience sans reproche, subissant la peine de fautes qu'elle n'a pas commises.

Un large pont de pierre précède la voûte élevée par laquelle on entre dans le château. Je suis reçu avec beaucoup de courtoisie et de bienveillance par M. le duc de Lorges qui venait d'accompagner le Prince dans son voyage d'Orient, et par M. le comte de Monti revenu tout récemment de Bretagne avec M. Yves de Monti, son neveu, pour reprendre son poste d'honneur et de confiance auprès de l'auguste exilé.

L'appartement où l'on m'introduit est spacieux, d'une simplicité élégante. Je remarque un beau portrait ressemblant fort à Louis XVII, et plusieurs souvenirs emblématiques envoyés sans doute comme une pensée de France à Ceux que la France ne possède plus. J'ai, de ma fenêtre, une vue splendide sur les montagnes de la Styrie, dont je découvre sur l'arrière plan les crètes pittoresques. Sur les frontières escarpées de la Hongrie, s'élèvent, comme des nids d'aigles, d'anciens castels fortifiés, souvent défendus naguère contre les Turcs.

Une bonne et longue conversation avec M. de Monti me mit pleinement à l'aise, et me fit connaître les habitudes du château comme si je l'eusse fréquenté depuis longtemps. Avant le dîner, servi exactement à six heures, j'eus l'honneur d'être admis seul auprès de Monsieur le Comte de Chambord, pour lui remettre, de la part de Mᵐᵉ Dambray, ma tante, le collier de l'ordre du Saint-Esprit qui avait été donné par le roi Charles X à M. le vicomte Dambray (1), fils du Chancelier. Jamais je n'oublierai les termes pleins d'à-propos et de sentiment dont le Prince s'est servi pour honorer une mémoire qui m'était bien chère. Il daignait apprécier avec son cœur un homme dont l'inflexible droiture n'avait jamais suivi qu'une seule ligne ni admis qu'un seul principe. Je n'entrerai pas dans d'autres détails. Le Prince sait dire les choses les plus aimables avec beaucoup de bonne grâce et de dignité. J'ai pu apprécier ces rares qualités qui charment tous ceux qui ont l'honneur de l'approcher.

Les portraits de Monsieur le Comte de Chambord sont connus de tout le monde ; ils sont généralement ressemblants. Mais, ce que la photographie ne peut rendre, c'est la beauté de sa physionomie à la fois digne et animée ; c'est la franchise de ce regard qui vous pénètre,

---

(1) Tous les colliers de l'ordre du Saint-Esprit sont aujourd'hui entre les mains du chef de la maison de Bourbon, excepté celui de M. le duc de Mortemart encore existant.

sans avoir l'air de chercher en vous autre chose qu'une pensée généreuse qui réponde à la sienne. Le Prince porte toute sa barbe maintenue dans de justes limites ; quelques rides laissent voir sur ce beau front la trace des préoccupations et aussi des années. L'éclat de la jeunesse a disparu devant le travail de la maturité. La santé du noble exilé est excellente; elle lui a permis de suivre, sans en souffrir, un régime qui a fait disparaître l'excès de son embonpoint. Sa démarche est vigoureuse et les suites de sa chute ne sont réellement sensibles que quand il circule lentement.

Madame la Comtesse de Chambord est d'une taille au-dessus de la moyenne ; elle a de la dignité plutôt que de la grâce ; mais cette dignité est empreinte de je ne sais quoi de simple et de bienveillant qui exclut tout embarras. J'ai remarqué dans sa conversation une bonté prévenante jointe à un esprit juste et observateur.

Madame la Comtesse de Chambord arrive dans le salon peu d'instants avant l'annonce du dîner. En quittant le salon, le Prince passe le premier ayant à sa droite la Princesse qui s'assied à table également à sa droite. Suivent les autres convives qui se placent selon l'indication transmise par M. le comte de Monti. La livrée porte les anciennes couleurs de France : bleu de roi, galons d'argent, boutons fleurdelisés. Là, tout est français : les serviteurs et le service et aussi la cuisine et les vins, ce qui ne gâte rien, au contraire. Du reste, les repas durent peu ; mais ils sont habituellement animés par l'esprit charmant du Prince qui aime la répartie, la provoque et l'accueille gaiement.

Après le dîner, l'on se promène en voiture ; l'écurie est peu distante du château et n'en gêne nullement l'aspect. Elle est vaste et fort bien tenue; le Prince n'est traîné que par des postiers gris, venant du Perche ou de Normandie, coquets de formes et vifs d'allure. Les postillons conduisaient du siége et rappelaient, avec un peu plus d'élégance, notre ancienne Poste royale, jusques et y compris la fameuse plaque aux trois fleurs-de-lys. Monsieur le Comte de Chambord a, en outre, une charmante jument de selle hongro-arabe et un poney bien *roulé,* nommé *Ventre-Saint-Gris.*

Souvent la chasse sert d'épisode à la promenade. Le lendemain de mon arrivée, les gardes avaient signalé sur tel point du voisinage la présence de cailles et de râles de genêt. Monsieur le Comte de Chambord leur donne rendez-vous, descend de voiture à leur rencontre et suit avec eux, d'un pas ferme et accéléré, les sentiers à travers champ qui conduisent à ce gibier de passage. Bientôt un coup de fusil se fait entendre, puis un second : la voix vibrante du Prince appelle ses gardes ; il présente à Madame la Comtesse de Chambord le râle qu'il avait tué. Son tir est très-sûr, m'a-t-on dit; mais là encore, comme en tout le reste, la prétention est complétement exclue. Dans cette nature d'élite, l'on ne peut découvrir que noblesse et vérité. C'est cet amour de la vérité qui explique la prudence extrême qui le guide dans ses actions, qui inspire ses paroles et ses écrits. Cette qualité est assez rare dans la position de Monsieur le Comte de Chambord, pour que l'on veuille bien ne pas la prendre pour un abonnement à l'exil, qui n'est pas plus dans son caractère que la soif des crises et l'esprit de bouleversement.

En descendant de voiture, les nobles promeneurs s'assirent sur le pont de pierre qui tient lieu de perron. A quelques pas de là, notre attention fut bientôt appelée par une enfilade d'enfants qui, tous, un panier de fraises de montagnes à la main, attendaient que l'on vînt échanger, contre quelques pièces de monnaie, leur récolte de la journée. Leur attitude était respectueuse et leur animation peu bruyante. Quand ils eurent vidé leurs petits paniers dans la corbeille des gens de service, Monsieur le Comte et Madame la Comtesse de Chambord se dirigèrent vers eux. Il était touchant de voir ces pauvres enfants se précipiter sur leurs mains et les couvrir de baisers ; c'est leur manière de témoigner leur gratitude. Le lendemain, la foule des pourvoyeurs de fraises était plus nombreuse encore : « C'est comme cela tous les ans, disait le Prince, ils font à mon profit disette de fraises pour tout le monde, et force m'est de les distribuer à mon tour à ceux qui n'en peuvent trouver. » N'est-ce pas la l'image un peu poétisée de la cassette des bons souverains, qui, remplie aux dépens du fonds commun, se reverse en bienfaits sur ceux qui ne trouvent ni encouragement pour leur art, ni secours pour leur misère ?

Madame la Comtesse de Chambord se retire à neuf heures. L'on monte alors au fumoir, rendez-vous général des hôtes du château. Le Prince y vient lui-même quelquefois ; il y est venu ce jour-là même ; il fumait une longue pipe turque à tige droite, souvenir de son récent voyage.

La conversation ne tarda pas à devenir générale : la France y occupa le premier rang. Les noms des Lamoricière, des Civrac, des Goulaine, des Thiers, des Pouyer-Quertier et plusieurs autres méritant mention à divers titres, y furent prononcés. Rien de ce qui touche vivement à l'intérêt français n'échappe au Prince. Il aime l'éloquence courageuse qui voit juste et dit vrai ; mais, s'il décerne volontiers l'éloge, il évite avec soin toute animosité dans ses appréciations; toujours maître de lui, rien de passionné ne s'échappe de ses lèvres. Du reste, jamais il ne laisse la conversation s'appesantir sur les personnes ni sur les choses ; il aime qu'elle ait du mouvement, de la variété, et il sait lui imprimer ce caractère sans que l'étude y paraisse le moins du monde.

Monsieur le Comte de Chambord ne prolonge guère au-delà d'une demi-heure ses séances au fumoir, qui reste occupé aussi longtemps que les consommateurs le désirent et où le thé est toujours servi.

Cette première journée me laissa plein de pensées que je ne saurais définir. Il me semblait que je respirais difficilement et que ma réalité d'aujourd'hui n'était pas la réalité de la veille. Mes impressions débordaient mon cœur, je croyais rêver et je redoutais de voir finir mon rêve.....

Samedi 6 juin. Le déjeuner est à dix heures : même cérémonial qu'au dîner, cérémonial fort simple et qui établit la nuance entre la manière d'être du chef de la maison de Bourbon et le commun usage des grands seigneurs. Après le déjeuner, l'on entre dans le cabinet où Monsieur le Comte de Chambord donne ses audiences, et l'on ouvre la correspondance du jour. Le Prince reçoit un assez grand nombre de journaux, mais rien d'important ne lui échappe, et il est, sur ce qui se fait et s'écrit, parfaitement informé. Il a pris un plaisir particulier à lire quelques lettres venues de Grèce. Elles émanaient de personnages importants de ce pays et rappelaient, en termes charmants, des circonstances relatives au rapide séjour que venait d'y faire l'auguste voyageur. Rien ne saurait dire, en effet, l'élan avec lequel le petit-fils de Charles X a été reçu par ces populations que les factions ont trop souvent divisées. Elles se croyaient, en le voyant, aux premiers jours de leur liberté, et se pressaient sur ses pas comme pour le remercier de leur délivrance.

Que l'on reproche aux monarchies légitimes leur esprit retardataire et anti-libéral : l'histoire est là, avec la guerre d'Amérique et la guerre de Morée, pour affirmer le contraire. Ces guerres ont consolidé la liberté des peuples, quand nous voyons des guerres plus vantées bouleverser le monde sans fruits pour l'humanité.

La séance de lecture commune et de conversation, dans le cabinet de Monsieur le Comte de Chambord, prend fin quand le Prince se lève : elle dure environ une demi-heure. Mais je devais être rappelé peu après ; Monsigneur, devançant l'expression de mon désir, ayant daigné m'accorder une audience particulière. Je n'eus d'abord qu'à répondre aux questions qu'il plut au Prince de m'adresser. Ces questions roulèrent presqu'exclusivement sur la Normandie. Il me parut déjà la bien connaître, et je ne me flatte pas de l'avoir beaucoup éclairé. Parmi les noms qu'il a prononcés, il est revenu à plusieurs reprises sur celui de M. Guizot ; il a parlé, avec une approbation marquée, des beaux ouvrages que produit sa vieillesse féconde et de sa noble attitude, si décisive dans la question romaine où il s'est montré, par ses écrits, le vaillant champion de la conservation religieuse, comme l'avait été M. Thiers par son éloquente parole. Le Prince ne s'est pas arrêté aux sommités, il a voulu connaître l'esprit, les besoins, les tendances de nos populations ouvrières. Ce grand intérêt est présent à sa pensée. La série des questions épuisée,

Monsieur le Comte de Chambord voulut bien laisser un libre cours à mes franches inspirations. Il écoute avec une attention intelligente et soutenue, non pas comme un froid auditeur dont toutes les idées sont immuables, mais comme un appréciateur réfléchi qui craint de détourner du sujet et d'impliquer, en discutant, le blâme ou la trop prompte adoption des idées émises. Quant aux siennes propres, il les fait connaître avec une netteté qui rend inutile toute explication. Il a l'autorité d'un esprit droit, toujours fidèle à sa conscience.

Après cette audience, qui dura trois quarts d'heure, le sentiment qui me dominait était la douce perspective de revoir encore, le soir et le lendemain, cet exilé qui me paraissait si Français.

Décidément, aucune des impressions, aucun des souvenirs que peut laisser Frohsdorf ne devaient m'être refusés : de l'agrément du Prince, M. le comte de Monti avait bien voulu organiser, *pour mes menus plaisirs*, une excursion en voiture à Pitten, rendez-vous de chasse de Monsieur le Comte de Chambord. Je pars en compagnie de M. Yves de Monti qui veut bien me servir de *cicerone;* chemin faisant, il me fait connaître beaucoup d'intéressantes choses. Ce *Pitten* où nous allions était un castel fortifié du XIIIe ou du XIVe siècle ; il fait point de vue du château de Frohsdorf. Son fondateur était un certain baron de Teufel, en français : *baron du Diable*, qui rompit maintes et maintes lances contre les Turcs. Que dirait le baron du Diable s'il voyait son aire gothique habitée par le petit-fils de saint Louis? Mais le descendant du pieux Roi a *du Diable à quatre* aussi dans les veines, et si les Parisiens avaient un jour bien faim, ils pourraient se rappeler les vivres que Henri de Bourbon, désireux de

vaincre mais non de saccager, leur faisait passer pour
adoucir les rigueurs du siége. Ainsi trouvait-il la clef des
cœurs, sûr moyen d'obtenir bientôt les clefs de la ville.

Ces causeries plus ou moins rétrospectives nous ame-
naient au pied de la colline escarpée que domine le fier
castel. Nous laissons l'équipage et nous montons par des
pentes adoucies, non sans admirer les beaux points de vue
qui se déroulent parfois devant nous. A mi-côte, nous ren-
controns l'église, placée, elle aussi, dans une position res-
pectable, et pouvant être défendue par le château. Après
une ascension de dix minutes, nous touchons au but. —
Certes, la civilisation a pénétré dans ce nid féodal, les
ponts-levis ont disparu et le moindre *qui vive !* ne se
fait plus entendre ; mais la voûte profonde formant
l'entrée, et la tour qui flanque le castel, affirment encore
ses destinées guerrières. La cour intérieure est assez
vaste ; l'on y montre un très-large puits sans eau descendant au niveau de la vallée, et communiquant sans nul
doute à des souterrains obstrués par où se ravitaillait la
place. La chapelle, restaurée par Monsieur le Comte de
Chambord, est simple et convenable. Nous entrons dans
le castel, d'où le luxe est banni ; seulement, par une
coquetterie cynégétique toute de circonstance, le cabinet
particulier du Prince est meublé comme si saint Hubert
lui-même en eût été l'ordonnateur. — Partout, bois de
cerfs, de chevreuils, de daims, dont plusieurs sont tom-
bés sous la balle du Prince. Vous asseyez-vous? Prenez-y
garde : vous foulez les pointes retournées d'un groupe
de cerfs dix cors entrelaçant leur bois. Ecrivez-vous ?
votre plume, en corne de cerf, trempe son bec dans un
encrier en corne de daim ; et, si vous cachetez votre
lettre, un chevreuil vous présentera sa coquette armure

surmontée d'une bougie. — Je n'en finirais pas à tout décrire. Là règne l'unité la plus rigoureuse et la plus diversifiée. Des fenêtres, l'œil plonge sur le parc réservé où vous contemplez vivants les beaux animaux dont vous venez d'admirer les dépouilles. Sauf les cas de chasse, le Prince ne reçoit personne dans cet asile ; c'est là qu'il se retire quand il veut plus particulièrement se livrer au travail.

Il est un pieux pélerinage que l'on fait en visitant Pitten. A quelques cents mètres de là, dans une partie de chasse, est tombé subitement mort, dans les bras de Monsieur le Comte de Chambord, M. le comte de La Ferronnays, à la fleur de l'âge. Une croix monumentale en granit, avec un Christ en bronze, a été élevée sur le lieu même par les ordres du Prince. Une inscription touchante rappelle ce douloureux souvenir et demande une prière. Cette prière, nous l'avons faite pour l'ami qui n'est plus et pour Celui que Dieu éprouve jusque dans l'exil, mais qu'il laisse vivre dans l'attente de ses mystérieux desseins.

En retournant, la conversation tombe naturellement sur Frohsdorf, sur l'origine duquel mon jeune interlocuteur veut bien me donner des détails que je crois dignes de mention.

« Frohsdorf, me dit-il, a été la propriété de la reine de Naples, comtesse de Lipana (née Murat) ; elle le tenait du comte Oyoz, et le revendit au général comte Yermoloff. Acheté par M. le duc de Blacas, Frohsdorf fut vendu par son fils, en 1844, à Madame la duchesse d'Augoulême, dont Monsieur le Comte de Chambord fut l'unique héritier. Les domaines qui entourent le château sont vastes relativement à leur produit ; les chasses y sont belles, et le Prince a loué ou acheté quelques bois qui en augmentent l'agrément. Mais dans cette vallée, ouverte seulement du côté du nord, l'hiver arrive vite et disparaît lentement. La neige y séjourne longtemps ; et si la couleur blanche plaît à quelques-uns en politique, elle perd tout agrément à l'état du phénomène sibérien. Le palais de Venise manque beaucoup à Madame la Comtesse de Chambord, habituée à de plus doux climats ; et c'est à Vienne, dans l'ancien palais à eux légué par M. le duc de Modène, que les nobles hôtes de Frohsdorf vont passer trois mois de la saison rigoureuse. »

Chemin faisant, M. de Monti me montre l'école fondée par Madame la Comtesse de Chambord pour les petites filles. Cette fondation, qui porte d'heureux fruits, date de 1854. Il y a quatre ans, une institution de même genre a été fondée pour les garçons. La sollicitude de la généreuse Princesse s'étend tout particulièrement sur ces enfants ; elle aime à en parler, et c'est de France, c'est d'Alsace qu'elle a voulu faire venir les Frères et les Sœurs auxquels elle les a confiés.

Je voudrais pouvoir transmettre à vos lecteurs le charme que je trouvais à ces causeries où nous nous comprenions si bien. A peine fus-je descendu de voiture, que M. le comte de Monti, voulant bien remplacer son neveu auprès de moi, me conduisit dans un sanctuaire où m'attendaient de nouvelles émotions. Frohsdorf est comme un chemin de croix, et l'on peut faire déjà plusieurs stations douloureuses là où, depuis l'exil, la mort a frappé ses coups. Nous entrons dans la chambre mortuaire de Madame la duchesse d'Angoulême, cette sainte qui a tant souffert et tant pardonné.....Aujourd'hui, cette chambre est une chapelle ; et, là où la fille de Louis XVI rendit son âme à Dieu, un autel a été élevé. A cette même place où je m'agenouille pour prier, ont prié avec une ferveur dont M. le comte de Monti fut le témoin, Monsieur le duc et Madame la duchesse de Nemours, Monsieur le duc et Madame la duchesse de Saxe-Cobourg, venus à Frohsdorf pour reconnaître, *au nom de tous,* Monsieur le Comte de Chambord comme chef de leur famille.

On dit que Monsieur le duc de Nemours et Monsieur le prince de Joinville tiennent encore ces engagements. Une telle reconnaissance, intégrale et formelle, ferait honneur à la justesse de leur esprit et à la noblesse de leur cœur.

Ce jour-là, comme il le fait à certains jours de la semaine, le Prince avait invité à sa table les personnes de sa suite, telles que son aumônier, son médecin, son secrétaire M. Morisset, le secrétaire et le médecin de Monsieur le duc de Parme, italiens fort distingués. Le jeune prince était absent, et Mme de Chabannes, dame d'honneur de Madame la Comtesse de Chambord, était retenue dans ses appartements par la douleur que lui faisait éprouver la mort de son frère qu'elle venait d'apprendre.

Dimanche 7 juin. — Voici mon dernier jour à Frohsdorf. A neuf heures, nous nous rendons à la chapelle : c'est un vaisseau décoré non sans goût, qui, au centre de l'une des façades du château, occupe les deux étages. A droite et à gauche de l'autel et se faisant face, étaient placés M. le duc de Lorges, Messieurs de Monti et moi ; les autres personnes et les étrangers occupaient une double rangée de bancs en face de l'autel. C'est de la tribune que Monsieur le Comte et Madame la Comtesse de Chambord entendent la messe. Cette messe qui, par spéciale autorisation, est *paroissiale,* est fort convenablement chantée en musique par des enfants de l'école et les hommes de service du château. On prie bien dans cette chapelle où la prisonnière du Temple a prié. Il y a là comme un parfum d'expiation qui n'est pas sans quelque analogie avec la divine expiation du Calvaire. L'on sait que la victime crucifiée ne resta pas au tombeau !

Après le déjeuner, je dus prendre congé. Rien de plus gracieux que les paroles d'adieu de Madame la Comtesse de Chambord, pour laquelle notre langue est en quelque sorte naturelle. Monsieur le Comte de Chambord me tenait la main serrée et m'adressait pour tous les miens et pour toutes les personnes de ma connaissance qui s'intéressent à lui, les expressions les plus flatteuses. Mon émotion allait croissant, et..... — vous raconterai-je cette circonstance un peu intime? — Oui, car elle met parfaitement à découvert le cœur chaleureux du Prince. — Faisant donc allusion aux pauvres petits enfants qui, la veille, lui couvraient les mains de baisers, je me pris à dire qu'en ce moment, je voudrais être à leur place. — « Allons donc ! » reprit vivement le petit-fils d'Henri IV ; et, m'ouvrant les bras, il me tint longtemps embrassé. Je ne suis pas philosophe et n'ai pas l'horreur des Rois ; en sortant, j'étais baigné de larmes.

Je reviens en France, n'approuvant pas assurément tout ce qui se passe autour de nous, mais avec un redoublement de patriotisme, une espérance ferme et une patience..... éprouvée.

Je vous écris ces lignes pour donner satisfaction à une curiosité que j'ai souvent constatée ; je les écris sans conseils, sans contrôle, de ma seule inspiration, et sous ma seule responsabilité.

Agréez, etc.   Cte L. D'Osseville.

Caen.—Imp. de A. Domin.